L k⁷ 199

TRAVAUX DE LA CATHÉDRALE
D'AMIENS.

RÉPONSE

A MM. LES ANTIQUAIRES,

PAR M. CHARLES BERTON,

VICAIRE DE LA CATHÉDRALE.

AMIENS,
ALFRED CARON, IMPRIMEUR-LIBRAIRE,
Rue des Trois-Cailloux, 54.
MARS 1853.

RÉPONSE
A MM. LES ANTIQUAIRES.

AVIS PRÉLIMINAIRE.

La Société des Antiquaires a publié dernièrement une petite brochure sur les travaux de la Cathédrale. Cet écrit contient plusieurs choses qui ne sont pas exactes, et qui pourraient faire beaucoup de mal, venant d'une source si respectable. J'ai donc pensé que je ferais un acte utile en montrant sur quels points MM. les Antiquaires se sont trompés. Pour mieux aborder cette tâche, j'ai pris toutes les précautions possibles ; d'abord j'ai examiné avec soin tous les travaux qu'on attaque ; ensuite j'ai étudié en détail les documents qui y sont relatifs ; enfin j'ai consulté les hommes les plus compétents dans les matières archéologiques. Par-dessus tout cela, j'ai réfléchi beaucoup, et je crois être maintenant en mesure d'éclaircir la question d'une manière complète. En combattant des erreurs que je crois dangereuses, je garderai toujours cette modération et cette mesure qui sont de rigueur entre hommes bien élevés, et qui me sont imposées d'ailleurs par le respect que m'inspirent mes honorables adversaires. Je ne craindrai pas cependant de blâmer avec franchise tout ce qui me paraît blâmable, parce que je désire avant tout être utile à mes lecteurs ; dans le même but, et pour être facilement compris par tous, je tâcherai de mettre dans ma rédaction toute la brièveté et toute la clarté possibles. Dans un premier chapitre je présenterai quelques réflexions générales sur l'écrit de MM. les Antiquaires ; dans les suivants, j'examinerai en particulier leurs principales observations.

CHAPITRE Ier

RÉFLEXIONS GÉNÉRALES SUR L'ÉCRIT DE LA COMMISSION DES ANTIQUAIRES.

Avant d'entrer dans le détail des questions soulevées par MM. les Antiquaires, je crois devoir indiquer quatre ou cinq circonstances qui, dès la première lecture de leur écrit, m'ont fortement étonné.

Premier motif d'étonnement. — A quelle occasion MM. les Antiquaires se sont-ils occupés des travaux de la Cathédrale ? Est-ce parce que l'autorité compétente les a consultés ? Pas le moins du monde. C'est parce qu'un architecte s'est avisé de leur écrire, entr'autres choses, que le gouvernement voulait enlever la chaire et mettre un banc-d'œuvre à la place ! Evidemment, une pareille missive ne devait avoir d'autre conséquence qu'un moment de gaîté ; c'était l'occasion toute naturelle d'une récréation innocente qui eût délassé la Société de ses graves travaux. Ou bien si l'on tenait à accuser réception de la lettre, il fallait répondre tout simplement : Soyez tranquille, M. l'architecte, on ne remplacera pas la chaire par un banc-d'œuvre, pas plus qu'on ne remplacera les boiseries par des lustres, ni les grilles par des vitraux peints. Mais non ; à peine la lecture de la lettre est-elle finie, aussitôt on s'ébranle comme à un signal, on étouffe les protestations énergiques de la minorité, et, séance tenante, on nomme une commission pour examiner la Cathédrale, et pour s'assurer notamment s'il est bien vrai qu'on va mettre un banc-d'œuvre à la place de la chaire.

Deuxième motif d'étonnement. — Au moins si l'on voulait à toute force nommer une commission, puisqu'elle devait apprécier les travaux d'un des architectes les plus distingués de l'époque, il fallait la composer des hommes les plus versés dans l'étude des monuments chrétiens. Rien n'était plus facile ; on avait dans la Société plusieurs archéologues d'un grand mérite : M. Rigollot, M. Garnier. M. de Betz, M. Duval, M. Jourdain. etc. etc. ; de plus on avait des architectes : M. Cheussey, M. Antoine, etc., etc. Quel a dû être l'étonnement du public, quand il a vu que tous ces hommes si compétents avaient été laissés, ou avaient voulu rester en dehors de la commission, et qu'elle se composait uniquement d'hommes fort savants sans doute dans leur partie, mais dont l'archéologie n'a jamais été la spécialité ?

Troisième motif d'étonnement. — Mais enfin passons sur tout cela. Puisque la Commission une fois nommée, voulait juger non-seulement les travaux finis, mais encore les simples projets, elle devait, après avoir tout visité, demander des renseignements et des éclaircissements. Or l'architecte du gouvernement et l'inspecteur des travaux affirment qu'ils n'ont vu personne, ni Commission en corps, ni membres de la Commission en particulier. On ne leur a rien demandé, on ne s'est pas même présenté une seule fois, tandis qu'ils étaient prêts, non-seulement à donner l'autorisation de visiter les travaux, mais encore à fournir tous les renseignements nécessaires pour éclairer la Commission.

Quatrième motif d'étonnement. — Mais ce n'est pas tout. L'architecte du gouvernement depuis qu'il est chargé de la Cathédrale n'a pas fait seulement les choses que blâme la Commission ; il en a fait une foule d'autres dont on ne dit rien, et qu'on avoue irréprochables par là même, car on n'aurait pas manqué d'en parler, si on avait pu y trouver quelque chose à redire. Pourquoi cette partialité ? Pourquoi garder le silence sur ce qu'on ne peut blâmer, et faire croire ainsi au public que l'architecte n'a rien fait de bien ? Pourquoi ne rien dire des travaux de consolidation qui étaient si urgents, et qui contribueront si fort à la conservation de notre chère Cathédrale ? Pourquoi encore garder le silence sur les démarches incessantes, les voyages réitérés, les efforts de tout genre, par lesquels notre Évêque a réussi à obtenir de l'État des sommes suffisantes pour réparer l'édifice et en embellir les abords ? Pourquoi ne pas lui exprimer la reconnaissance qu'il mérite à tant de titres, et que méritent aussi pour leur concours M. le Préfet et M. le Maire qui sont enveloppés dans le même silence ? Pourquoi enfin ne rien dire des avantages qui résultent pour les entrepreneurs et les ouvriers de la ville de ces travaux qui sont dus à l'intervention de notre vénéré Pontife et de nos premiers magistrats ? Les questions naissent en foule, et l'on en pourrait faire bien d'autres, mais celles-là sont plus que suffisantes (1).

Cinquième motif d'étonnement. — Que va faire maintenant la Commission de ce Rapport? Si on s'était borné à le lire au sein de la Société, cela constituerait déjà un fait bien grave, à raison des circonstances que nous venons d'indiquer; mais en voici une cinquième qui aggrave toutes les autres. Comme s'il ne suffisait pas d'adresser le Rapport aux autorités compétentes, ou tout au plus de l'imprimer dans le *Bulletin* de la Société, on l'imprime séparément, et on le distribue à profusion; c'est une pluie de petits livrets jaunes, et une foule de maisons en sont inondées. Pourquoi ce moyen révolutionnaire qui est tout à fait en dehors des habitudes d'une société savante? On se donne sans cesse comme l'organe de l'opinion publique : nous savons à quoi nous en tenir à cet égard; il est clair que, bien loin d'exprimer cette opinion telle qu'elle est, on s'efforce de la créer telle qu'on la désire.

Ainsi, l'occasion du débat, la composition de la Commission, sa manière de procéder, le plan de son Rapport, la publicité qu'elle lui donne, tout contribue à

(1) La Commission répète sans cesse que les sacrifices de la ville seront sans résultat; nous verrons combien cette assertion est inexacte; mais pourquoi ne rien dire des sacrifices que Mgr l'Évêque et son Chapitre ont faits si généreusement, en abandonnant des terrains et des constructions qui leur étaient fort utiles?

étonner le public dès le premier abord. Dépouillons-nous cependant de toute prévention, et examinons en détail les assertions avancées par MM. les Antiquaires.

CHAPITRE II.

QUI EST RESPONSABLE DES CHANGEMENTS EXÉCUTÉS A LA CATHÉDRALE.

La Commission commence par établir son droit de donner un avis qui ne lui était pas demandé. Nous reconnaissons ce droit ; oui, la Société des Antiquaires avait le droit d'examiner les travaux, de demander des renseignements, (que n'a-t-elle usé de son droit?) de donner des conseils et même de blâmer ce que l'on eût fait contre ses avis, pourvu toutefois que ce blâme eût été formulé régulièrement. Malheureusement nous avons déjà vu, et nous verrons encore qu'il y a une grande différence entre ce que la Société a fait, et ce qu'elle avait le droit de faire.

La Commission nous dit ensuite assez crûment que ses attaques contre les travaux de la Cathédrale ne s'adressent pas à Mgr l'Évêque, attendu que cette question ne le regarde pas. « Ne sait-on pas, dit le Rapport, » que l'autorité épiscopale est uniquement chargée du » spirituel, et que le clergé et les fabriques n'ont que » le simple usage des églises qui restent la propriété » de l'État ou des communes ? » C'est parfaitement vrai. Hélas ! oui, l'autorité ecclésiastique n'est plus maîtresse aujourd'hui, même dans les églises ; c'est un malheur, mais c'est un fait sur lequel je suis d'accord avec MM. les Antiquaires. En revanche, je crois qu'ils doivent avouer avec moi que c'est un malheur. Si Mgr l'Évêque avait été seul maître dans la Cathédrale, les choses iraient infiniment mieux et MM. les Antiquaires n'auraient pas tant à se plaindre. Sa Grandeur leur eût sans doute demandé conseil, et alors il est probable que l'honorable Société, mieux inspirée, eût proposé des plans à peu près pareils à ceux qu'elle attaque aujourd'hui. Mais enfin, en attendant cet heureux jour où Mgr l'Évêque et la Société des Antiquaires décideront seuls les questions de ce genre, il faut nous résigner aux inconvénients de la centralisation et subir les plans envoyés de Paris ; il faut reconnaître avec le Rapport que, dans l'état actuel des choses, la décision n'appartient ni à Mgr l'Évêque ni à MM. les Antiquaires, mais au Gouvernement, et que, par conséquent, si l'on gâte la Cathédrale, il ne faut s'en prendre ni à Mgr l'Évêque, ni à MM. les Antiquaires, mais au Gouvernement seul. Ainsi voilà qui est bien entendu : c'est uniquement le Gouvernement et son architecte que la Commission attaque, et par-là même, c'est uniquement le Gouvernement et son architecte que nous allons défendre (1).

(1) Ce n'est que par abondance de moyens que nous accordons à MM. les Antiquaires que les églises sont la propriété de l'État et des communes ; nous n'ignorons pas que c'est là une question très controversée. On peut consulter *Dieulin, page* 217 ; on y verra qu'un arrêt de la cour de Cassation du 6 décembre 1835 ; décide la question en faveur des fabriques.

CHAPITRE III.

COTÉ ADMINISTRATIF DE LA QUESTION.

La Commission confond sans cesse la question artistique avec la question administrative, qui est beaucoup plus propre à agir sur l'opinion, et qui était totalement en dehors de sa compétence. Cependant nous ne lui ferons aucun reproche relativement à cette digression ; mais ce qui est vraiment intolérable, c'est de l'entendre accuser l'architecte du gouvernement d'avoir trompé la ville !

Avoir trompé la ville ! A-t-on bien réfléchi à tout ce qu'il y a de grave dans une pareille accusation adressée publiquement à un homme si recommandable sous tous les rapports ? A-t-on prévu toute la portée d'une parole si outrageante ? Sans doute, il est possible que l'homme si indulgent auquel on l'adresse la subisse en silence ; mais quand cette imputation si grave sera démontrée complètement fausse, est-ce pour lui que seront les sévérités de l'opinion publique ?

Un simple exposé des faits suffira pour porter la lumière dans tous les esprits.

En échange des sacrifices que la ville devait faire pour raser les maisons de la place St-Michel, l'architecte s'était engagé : 1° à abattre toutes les sacristies ou contructions accolées à la Cathédrale, excepté la chapelle des Machabées et ses deux dépendances (le cloître et l'ancienne trésorerie); 2° à restaurer ces trois monuments qui devaient être conservés; 3° à bâtir à la suite du cloître une salle de catéchisme ; 4° à réunir à la voie publique le terrain des constructions démolies.

De l'aveu de la Commission, voilà l'arrangement qui a été conclu entre le conseil municipal et l'architecte du gouvernement ; or, tout cela a été exécuté à la lettre, ou le sera incessamment. Sur deux points seulement, M. Viollet-Leduc s'est écarté des conventions : 1° Il abandonne à la voie publique 1 mètre de plus qu'il n'avait promis sur le terrain de la cour du Puits-de-l'OEuvre ; (personne sans doute ne réclamera contre cette infraction) ; 2° il a changé la place de la salle des catéchismes, mais tout le monde sait que ce changement a été approuvé par le conseil municipal, et décidé par déférence pour l'opinion publique ; on faisait observer en effet, avec beaucoup de raison, qu'une salle de catéchisme bâtie près du cloître eût masqué la cathédrale et gâté la place St-Michel.

L'architecte a donc exécuté tout ce qu'il avait promis, et c'est uniquement dans l'intérêt de la ville et du consentement de la ville, qu'il a modifié légèrement le plan primitif. Sur quoi s'appuie donc la Commission pour soutenir qu'il a trompé le conseil municipal? On ne le croirait jamais si on ne l'avait lu en toutes lettres ; elle s'appuie sur deux faits qui prouvent tout le contraire, comme on va en juger.

Premier fait. — Nous venons de voir, que de l'aveu de la Commission, le prolongement de la rue des Soufflets, ne faisait pas partie des conditions stipulées par la ville et acceptées par l'État ; mais ce projet plaisait à un journal de la localité qui, de son chef, se permit d'en annoncer l'exécution. Je ne blâme pas le journal — quand il n'y a pas de nouvelles, il faut bien en faire — mais voici le raisonnement qu'on nous oppose : Le prolongement de la rue des Soufflets a été annoncé par un journal ; or, l'architecte ne veut pas décidément prolonger la rue des Soufflets. — Nous conclurions, nous autres: donc le journal s'est trompé ; mais la Commission suit une autre logique, et elle conclut bravement que l'architecte a trompé la ville.

Deuxième fait. — Quand la ville consentit à ce que la salle des catéchismes fut placée dans la cour de l'évêché, et non près du cloître, comme on l'avait réglé d'abord, elle demanda qu'une distance de 8 mètres fut laissée entre la chapelle et les contreforts; or, s'il faut croire la Commission, cette distance n'a pas été gardée : nouvelle preuve que l'architecte a trompé la ville. Pour m'édifier sur la valeur de cette objection qui me paraissait assez forte et beaucoup plus conforme que la précédente aux règles du syllogisme, j'ai pris tout simplement un mètre, je me suis rendu entre la nouvelle chapelle et les contreforts, et j'ai trouvé... devinez combien ? 8 mètres 32 centimètres. — Mais, ajoute la Commission qui prévoyait cela, cette distance a été remplie par un perron et une galerie. — Ici il fallait recourir non plus au mètre, mais aux informations, afin de savoir si l'architecte avait promis de ne pas construire de galerie; or, nous le savons positivement et nous pouvons l'affirmer, il a déclaré devant tout le conseil municipal, qu'il relierait la salle des catéchismes à la Cathédrale par une galerie couverte, et personne n'a élevé la moindre objection. Et en effet quelle objection était possible? La Commission en veut à la galerie parceque c'est un obstacle à la rue future des Soufflets; mais quand la ville demandait un intervalle de 8 mètres, ce n'était pas pour y faire passer une rue, c'était pour ne pas cacher les contreforts, que la galerie laisse voir parfaitement. Le Conseil municipal avait trop de sagesse pour penser à séparer la Cathédrale de ses dépendances par une rue; autant vaudrait en faire une dans les bras du transsept, pour l'usage des futurs habitants de la rue des Soufflets.

Ainsi tous les faits allégués à la charge de l'architecte prouvent qu'il a tenu ses engagements, et que par conséquent il ne méritait pas d'être si maltraité. Mais ce n'est pas lui seulement qui est atteint par les attaques de la Commission; elles rejaillissent tout entières sur le Conseil municipal, en supposant, ou qu'il n'a pas vu qu'on le trompait, ou qu'il n'a pas su maintenir son droit. En vérité, le Conseil municipal a dû être bien flatté d'apprendre que la Société des Antiquaires le traitait de dupe, lui montrait ses torts, l'éclairait sur ses *illusions*, le plaignait dans son infortune, et voulait bien venir à son secours! Comme si le Conseil municipal avait besoin de la protection de

Messieurs les Antiquaires! Comme s'il n'était pas capable de faire ses affaires lui-même! Comme s'il ne pouvait tout seul faire avec l'État des arrangements avantageux et en surveiller l'exécution! Le Conseil Municipal sait que l'argent qu'il a consacré à raser les maisons de la place Saint-Michel ne sera pas perdu, comme la Commission le répète sans cesse ; il sait que la ville aura pour compensation une rue beaucoup plus large, une magnifique place, une Cathédrale dégagée autant qu'elle peut l'être ; il sait cela, et voilà pourquoi, lorsqu'un Antiquaire lui a proposé tout récemment d'émettre un vote de défiance contre l'architecte, il a répondu par une résolution négative. C'est une bonne leçon, faisons des vœux pour qu'elle ne soit pas perdue.

CHAPITRE IV.

QUESTION DU DÉGAGEMENT DE LA CATHÉDRALE AU POINT DE VUE ARTISTIQUE.

Examinons maintenant la question du dégagement de la Cathédrale, non plus au point de vue administratif, mais au point de vue artistique, et il nous sera facile de montrer deux choses : 1°. que si l'on faisait ce que demandent Messieurs les Antiquaires on ferait très-mal ; 2° que le plan adopté par l'architecte est irréprochable.

Et d'abord Messieurs les Antiquaires veulent un dégagement complet; ils approuvent qu'on ait abattu les vieux bâtiments accolés à la Cathédrale, mais ils blâment les bâtiments neufs ou restaurés, et ils veulent une rue tout autour de l'édifice; or cet isolement complet aurait une foule d'inconvénients, et en revanche il n'aurait pas un seul avantage.

Premier inconvénient. — Toutes les dépendances de l'église étant supprimées, il faudrait catéchiser les enfants sous les voûtes glacées du chœur ou de la nef; le prêtre s'habillerait à l'autel comme dans les petits villages; qui sait? peut-être même en serait-on réduit à ranger les ornements dans les tours, et à loger le bedeau dans la flèche!

Deuxième inconvénient. — L'église étant de tous côtés entourée de voies publiques, les offices seraient interrompus sans cesse par le bruit des voitures et le chant des ivrognes; plus de recueillement possible, plus de tranquillité.

Troisième inconvénient. — L'Evêché serait séparé de la Cathédrale, ce qui serait fort incommode, fort inconvenant et fort peu archéologique.

Quatrième inconvénient. — Rien de si prosaïque qu'une Cathédrale isolée aux quatre points cardinaux, comme un hôpital de pestiférés; elle paraît même alors moins élevée, parce qu'il n'y a plus de terme de comparaison. A cet excès je préfèrerais celui du moyen-âge, qui, groupant les maisons auprès de l'édifice, offrait l'image touchante d'une famille qui aime à entourer sa mère. Ce système, il est vrai, n'est pas non plus sans inconvénients, mais il y a un milieu entre ces deux extrêmes ; il consiste à séparer l'église de la voie publique par des pérystiles, par des dépendances, qui, bien loin de masquer le monument, en font ressortir la hauteur, tout en le préservant du bruit et des dégradations. C'est là, comme nous le verrons, le système dont on s'est rapproché à Amiens, le plus qu'il a été possible.

Cinquième inconvénient. — Pour que l'isolement fut complet, il faudrait sacrifier la gracieuse chapelle des Machabées, qui est si chère à tous les habitants d'Amiens ; et, en effet, il est bon que le public le sache, elle serait peut-être abattue si quelques-uns de MM. les Antiquaires avaient été les maîtres. Dans la séance du 11 janvier 1845, la Société nomme une commission pour s'en occuper, et un membre influent n'hésite pas à déclarer (1) « que la chapelle des Ma-
» chabées ne présente pas l'intérêt dont on excipe
» pour protester contre la démolition projetée, ni sous
» le rapport de l'architecture, ni sous celui de l'or-
» nementation ; que la disparition de ce bâtiment
» ferait mieux sentir le grandiose de la cathédrale,
» masquée en partie par ce *hors-d'œuvre*. »

Sixième inconvénient. — Enfin, le plus grand inconvénient du système de l'isolement complet serait de créer au centre de la ville un affreux coupe-gorge

(1) Bulletin t. 2, p. 144.

sous le nom de rue des Soufflets. Bordée d'un côté par les gouttières de l'église, de l'autre par le mur du palais épiscopal, triste, sombre, anguleuse, tortueuse, cette fatale rue gâterait l'Évêché, gâterait la place St-Michel, gâterait la Cathédrale, gâterait la ville d'Amiens. J'ajoute qu'elle serait inutile. On dit qu'elle permettrait aux voitures d'éviter la pente qui se trouve devant le grand portail ; comme si cette pente, très supportable d'ailleurs, ne devait pas graduellement disparaître par l'agrandissement de la place du Parvis !

En compensation de ces inconvénients, le système de l'isolement complet aurait-il au moins quelques petits avantages ? Hélas ! non, il permettrait de voir tout le bas des murailles, mais ce n'est pas là un avantage, puisque cette partie n'étant pas faite pour être vue est destituée d'ornements ; en revanche, il ne permettrait pas d'apercevoir les merveilles de la partie supérieure. Tout le monde sait que de la rue du cloître Notre-Dame on ne peut rien voir ; cette rue qui gêne la Cathédrale sous le rapport du bruit et des dégradations, en est gênée elle-même sous le rapport du vent et de l'obscurité ; ce serait bien pis dans la rue des Soufflets, et c'est un nouveau détail à joindre au portrait que nous en avons tracé ; cette rue serait peut-être le lieu d'où l'on verrait le moins la Cathédrale, puisque de ce côté, pour admirer l'édifice, il faut reculer au moins jusqu'au vestibule de l'Évêché. Ainsi pour être conséquent, pour avoir un isolement véritable, il faudrait que MM. les Antiquaires se décidassent à raser du côté du nord tout le palais épiscopal, et du côté du midi toutes les maisons des cloîtres jusqu'au Palais-de-Justice. Alors on jouirait réellement d'un petit avantage ; mais on aurait toujours les grands inconvénients énumérés plus haut, et de plus, une dépense quelque peu supérieure au capital de la *Loterie picarde*.

Montrons maintenant que le plan attaqué par la Commission est infiniment préférable à celui qu'elle propose.

J'avoue que le voisinage de la rue du cloître Notre-Dame sera encore un inconvénient pour la Cathédrale, mais ce n'est pas la faute de l'architecte ; il vaudrait mieux, sans doute, assimiler ce côté aux trois autres, y mettre des dépendances, reculer la voie publique, y ménager des points de vue, mais il faut renoncer aux améliorations impossibles ; au moins il n'existera pas de rue des Soufflets, et c'est là un avantage énorme ; on sera tranquille de ce côté, ce qui n'empêchera personne d'entrer dans la cour de l'Évêché pour admirer la Cathédrale du côté du nord. Du reste, on verra tout l'édifice de la place St-Michel ; elle sera assez grande pour le laisser voir tout entier, et assez petite pour ne pas l'effacer dans un cadre immense; la chapelle des Machabées et la salle des catéchismes ne masqueront rien des richesses de l'abside : si on les abattait on ne verrait rien de plus. Joignez à cela deux côtés de la place en grilles, les deux autres côtés garnis tôt ou tard de belles façades, la statue de Pierre l'Ermite au milieu : le coup-d'œil sera charmant.

Comment après cela MM. les Antiquaires peuvent-ils nous dire, « que le chevet de l'église n'a jamais été » plus encombré qu'il ne l'est aujourdhui ? » La vérité est qu'il n'a jamais été plus dégagé, et l'on ne conçoit pas comment une chose si évidente a pu être niée. Comptons en effet tout ce qui est conservé, tout ce qui est supprimé, tout ce qui est ajouté. Ce qu'il y a de conservé, c'est la chapelle des Machabées avec ses deux dépendances, qui tiennent moins de place qu'autrefois. Ce qu'il y a d'ajouté c'est la salle des catéchismes. Ce qu'il y a de supprimé, c'est :

1° Le mur du nord.
2° Le mur du sud.
3° Le mur de l'est.
4° La grande sacristie.
5° La sacristie de la petite paroisse.
6° La sacristie de St-Pierre.
7°, 8°, 9°, Les trois maisons de la cour du Puits-de-l'œuvre,
10°, 11°, 12°, Les trois maisons de la place St-Michel.
13° Les remises de l'Évêché.
14° Les écuries de la rue des Soufflets.
15° La salle du Chapitre.
16 La maison du bedeau.

Ainsi pour 16 constructions supprimées, il y en a

une seule d'ajoutée, et l'on vient nous dire que le chevet n'a jamais été plus encombré qu'aujourd'hui !

Pourquoi donc en vouloir tant à cette salle de catéchisme ? La Commission est-elle juge des exigences du culte ? N'a-t-elle pas avoué plus haut que la construction de cette salle était convenue avec la ville ? N'est-il pas évident qu'on ne pouvait la mettre ailleurs ? Ne voit-on pas qu'elle n'est pas même ajoutée, mais qu'elle remplace la grande sacristie, avec ces deux différences : 1° que la sacristie est accolée à l'église, et en masque deux fenêtres, tandis que la chapelle en est éloignée de 8 mètres ; 2° que la grande sacristie avec sa cour et ses dépendances occupait bien plus de terrain que la nouvelle salle ?

Toute la question artistique de l'isolement se résume donc ainsi : ce que demande la Commission est plein d'inconvénients, et ce qu'elle attaque est tout-à-fait irréprochable.

CHAPITRE V.

STYLE DES RESTAURATIONS ET CONSTRUCTIONS BLAMÉES PAR MM. LES ANTIQUAIRES.

Les critiques de MM. les Antiquaires sur le style des derniers travaux sont beaucoup plus régulières que toutes les précédentes ; car le choix entre les différents styles est une affaire de goût, sur laquelle la variété d'opinions est assez commune. Mais ce qui rend ces critiques beaucoup plus raisonnables, les rend aussi beaucoup moins importantes, car si MM. les Antiquaires ont le droit d'avoir un autre goût que M. Viollet-Leduc, M. Viollet-Leduc, par là même, a le droit d'avoir un autre goût que MM. les Antiquaires.

Il y a plus : l'honorable Société elle-même est divisée au sujet des préférences entre les différents styles; nous avons vu plus haut qu'un de ses membres ne trouvait rien de remarquable dans la chapelle des Machabées (1), ni sous le rapport de l'architecture ni sous celui de l'ornementation ; d'autres membres prétendent au contraire dans la même séance que cet édifice est intéressant sous ce double rapport (2). Quelle variété instructive ! Et si par hasard, l'Antiquaire qui trouvait la chapelle des Machabées dénuée d'intérêt, était le même que celui qui blâme le style de la chapelle des catéchismes, n'est-il pas vrai que son premier jugement ferait bien du tort au second ?

Voyez encore quelle variété entre les archéologues.

La Commission des Antiquaires dit que la salle des catéchismes appartient au style du XIIe siècle.

Un archéologue distingué, M. Goze lui répond : vous vous trompez ; elle est du XIIIe siècle, puisqu'elle est la copie d'une salle de l'abbaye d'Ourscamps.

La Commission critique le toit, les gargouilles, les arcs intérieurs du cloître.

M. Goze approuve tout cela, et il dit notamment qu'il est bon que le toit soit très bas pour ne pas masquer la chapelle des Machabées.

(1) Bulletin. tome 2. page 144.
(2) Ibid.

Il en est de même du bâtiment que l'on a élevé sur le terrain de l'ancienne trésorerie, pour remplir un vide qui eût été on ne peut plus disgracieux. La Commission dit qu'on ne devait pas choisir « une époque d'un caractère si lourd et si monotone : » Tandis que je m'efforce de comprendre ce que c'est *qu'une époque d'un caractère lourd et monotone*, voilà M. Goze qui me prouve que le bâtiment en question reproduit fidèlement l'architecture civile du moyen-âge.

On le voit : les archéologues sont bien loin d'être d'accord entr'eux. Qui croirons-nous donc au milieu d'une pareille divergence d'opinions ?

Pour dire toute notre pensée, nous croyons que les travaux de M. Viollet-Leduc peuvent être justifiés au point de vue de l'archéologie la plus exigeante ; on n'y trouve pas sans doute cette architecture tourmentée, capricieuse, exubérante de détails du 15e et du 16e siècle ; mais en revanche ils rappellent très bien les sévères constructions des deux siècles précédents, qui ont produit tous les chefs-d'œuvre du système ogival.

Ils ont de plus un mérite incontestable, c'est d'être parfaitement appropriés à leur destination. La salle des catéchismes n'est pas critiquée pour les belles rosaces qui s'ouvrent dans ses murs, mais pour les baies détachées qui les accompagnent au-dessous : or c'est là le système de fenêtres qui convenait le mieux à une chapelle dont il faut très souvent renouveler l'air. Les grandes fenêtres à meneaux ne sont pas faites pour s'ouvrir ; elles ne convenaient pas à une salle où se réunissent plus de 500 enfants (1).

Les grandes ouvertures ne convenaient pas mieux au bâtiment qui touche la chapelle des Machabées et où l'on doit conserver les objets les plus précieux du mobilier de l'église. L'ancienne trésorerie qui était à la même place, avait aussi des ouvertures étroites, et parce qu'elles sont plus en rapport avec ce genre d'édifice, et parce qu'il est plus facile de les bien garantir.

Sans doute on ne se rend pas compte de tous ces détails quand on juge les choses dans son cabinet, et en suivant des théories inflexibles ; mais les hommes pratiques sentiront la valeur de toutes ces raisons, et avant de condamner un excellent architecte, ils prendront la peine d'examiner les motifs qui ont déterminé son choix.

Quant à la galerie qui rejoint les deux tours du grand portail, je ne comprends pas comment on a pu en faire l'objet d'une critique. Cette galerie avait été modifiée au 18e siècle d'une manière déplorable ; et l'on trouve mauvais que M. Viollet-Leduc ait suivi le style primitif, au lieu d'imiter ceux qui l'avaient abandonné ! Ainsi quand un architecte aura gâté une partie de la Cathédrale, ses successeurs n'auront pas le droit de réparer ses méprises ! Il faudra conserver

---

(1) Nous pourrions ajouter que si l'on avait fait la salle des catéchismes dans le style de la chapelle des Machabées, elle aurait coûté trois fois plus cher.

le mal aussi soigneusement que le bien! Il s'en suit que ce qu'on blâme dans les travaux de M. Viollet-Leduc devra être respecté par tous ses successeurs; et cependant nous verrons bientôt la Commission demander la *suppression* de l'un de ces travaux !

Pour nous, nous sommes tout à la fois un peu moins scrupuleux et un peu moins violents. Lorsqu'un travail qui vient d'être fini n'est pas de notre goût, nous ne demandons pas qu'on le détruise au plus vite, mais quand le temps a gâté un détail qui gâtait lui-même l'édifice, nous pensons qu'en le réparant il est permis de faire mieux (1).

CHAPITRE VI.

HORLOGE, FLÈCHE, ORGUE D'ACCOMPAGNEMENT ET PORTES DU CHOEUR.

La question de l'horloge est bien simple. L'architecte est d'avis que là où elle était elle nuisait à l'édifice; son devoir par conséquent était de la mettre ailleurs. Il la met dans un local peu favorable, il est vrai, mais uniquement provisoire; aussitôt on réclame, on s'écrie de toutes parts que l'horloge ne s'entend plus d'aussi loin qu'autrefois. C'est vrai, répond l'architecte, mais attendez un instant : je vais la mettre dans la flèche, de ma-

---

(1) M. Cheussey lui-même n'a-t-il pas modifié avec bonheur plus d'une mauvaise restauration de M. Godde ?

nière que, sans rien masquer, elle puisse se voir et s'entendre de plus loin que jamais. Ces explications loyales satisfont le plus grand nombre, mais quelques personnes se plaignent encore avec plus de violence; tout à l'heure l'horloge ne s'entendait pas d'assez loin, maintenant on lui reproche d'être perchée trop haut. Décidément, je ne sais si M. Viollet-Leduc osera maintenant la mettre dans la flèche, comme il le voulait d'abord ; qu'il y réfléchisse bien ; nos yeux seraient blessés sans cesse par la vue des cadrans, et le bruit du timbre, répété par l'écho, étourdirait les ouvriers et troublerait leur sommeil!

Quant à la flèche, je n'ai qu'un mot à en dire; on sait qu'elle a été raccourcie et défigurée au XVIIIe siècle; aujourd'hui que le bois de la partie supérieure est détérioré, il serait très utile de la réparer et de la remettre en même temps dans son ancien état. Tout ce que la Commission objecte se réduit à ces deux points: « 1° Le projet de l'architecte est tellement déraisonnable » que nous ne pouvons y croire; 2° nous ne savons si le » clocher a besoin de réparation ». Mais, se dira le public, si l'on ne sait pas quel est l'état du clocher, comment peut-on savoir que la réparation en serait déraisonnable ? Du reste, si la Commission ne sait pas que le haut de la flèche exige de prompts travaux, d'autres le savent, et des hommes honorables nous ont affirmé à nous-même qu'ils avaient touché de leurs mains des charpentes pourries ; il est donc très nécessaire et très raisonnable d'appeler l'attention de l'État sur une réparation si urgente.

Nous arrivons à l'orgue d'accompagnement. La Commission l'attaque avec une ardeur inouïe ; après l'avoir tourné en ridicule, elle demande tout simplement qu'on le supprime. Ainsi voilà un orgue qui a coûté 15,000 francs, le gouvernement en a approuvé la pose, la fabrique et le Chapitre se sont imposé de rigoureux sacrifices pour en compléter le prix et en procurer la jouissance aux fidèles, et la Société des Antiquaires en demande la suppression !

C'est vraiment inconcevable. Pourquoi donc s'est-on arrêté en si beau chemin ? Pourquoi n'a-t-on pas demandé aussi la suppression de la salle des catéchismes, et la démolition de tout ce qu'a fait l'architecte ?

Admettons un instant que cet orgue ne soit pas sans défauts ; est-ce une raison pour le supprimer ? S'il fallait supprimer tout ce qui n'est pas irréprochable, cela mènerait fort loin, et avant de poser un tel principe, la Société des Antiquaires devrait bien en prévoir toutes les conséquences.

Quant à nous, nous sommes plus tolérants : nous ne pensons pas qu'il faille supprimer tout ce qui est blâmable. Qu'on améliore, qu'on perfectionne, mais toujours sans secousse, et sans moyens violents.

Maintenant il est facile de montrer que l'orgue est bien moins blâmable qu'on ne le prétend. D'abord il était nécessaire, et la Commission n'a pas qualité pour contester cela ; elle n'est pas juge de ce qu'il faut pour la décence et la solennité du culte. Un orgue d'accompagnement est le complément indispensable du chœur d'une cathédrale, et une foule d'églises moins importantes n'en sont pas dépourvues.

Posé la nécessité d'un orgue, quelle autre place pouvait-on lui donner? Fallait-il le mettre dans le sanctuaire, pour masquer les grilles, et l'empêcher de s'accorder avec les voix? Fallait-il le placer au-dessus de la grande entrée du chœur, comme à Westminster, et à St-Paul de Londres, pour arrêter la vue, déjà trop bornée par la Gloire?

L'orgue ne gêne rien dans le chœur; il n'y est pas. Il a pris la place d'un vilain mur en maçonnerie, dont la Commission ne voudrait pas prendre la défense quoiqu'il fut du dernier siècle; il laisse le pilier complètement dégagé. La boiserie est simple, mais le style en est pur, et le prix en est modéré, comme le budget du Chapitre; ceux qui la trouvent trop sévère peuvent donner de l'argent pour en faire une plus riche.

Le mécanisme de l'instrument passe sous les stalles pour arriver au clavier, sans qu'il y en ait trace au dehors; le clavier lui-même n'a pas exigé le sacrifice d'un seul siège : un pupitre, un lutrin eut pris autant de place. L'accoudoir, qu'on attaque aussi, s'harmoniera parfaitement avec les stalles, quand le temps lui aura donné ce précieux vernis qui fait l'ornement du vieux chêne; enfin si quelque détail laissait à désirer, le mal ne serait pas sans remède.

Mais voici un autre grief. La démolition du mur que l'orgue a remplacé, a nécessité l'enlèvement provisoire de la grille en fer qui y était attachée ; on ne pouvait manquer d'exploiter cela, d'autant plus que bien des personnes se plaignent tout haut de la petite barrière qui a remplacé la grille ; on a eu beau faire cette barrière aussi laide que possible, pour montrer qu'elle n'est que provisoire, il en est qui la critiquent comme si elle était définitive.

Vu cette disposition, qui est assez générale, il est fâcheux que l'on n'ait pu encore replacer la grille. Nous ne savons si on pourra la remettre, ou si elle sera remplacée par une autre clôture, mais nous nous permettrons de faire remarquer qu'il n'en est pas du chœur comme du sanctuaire. Le sanctuaire est un, et lui donner une clôture gothique tant qu'il aura une décoration moderne, serait un contre-sens ; mais le chœur tout entier appartenant à l'architecture ogivale, serait-ce une chose si absurde que de mettre ses trois entrées d'accord avec le reste ? Ce qu'il y a de certain, c'est qu'il faut faire quelque chose pour l'entrée principale, si lourde, si mesquine, si prosaïque, depuis qu'elle a été privée de son gracieux jubé, et flanquée de deux manières de paravents, imparfaitement cachés par la statue de saint Vincent et par celle de saint Charles. Tout le monde demande la modification de cette entrée ; si elle était passable, nous qui n'aimons pas les changements, nous dirions : laissez-la, le mieux est l'ennemi du bien ; mais dans la réalité, elle déshonore la Cathédrale, et voilà pourquoi nous désirons que l'architecte, s'il ne peut nous rendre notre antique jubé, nous débarrasse au moins de cette décoration de théâtre, et mette à la place une entrée digne du chœur, digne de l'édifice, digne de son talent.

—

CHAPITRE VII.

TRAVAUX PASSÉS SOUS SILENCE PAR MM. LES ANTIQUAIRES.

Après avoir justifié les travaux attaqués par la Commission, nous devons faire connaître en deux mots ceux dont elle n'a rien dit, et dont elle n'aurait pu dire que du bien; en voici une liste abrégée :

1° Tour du nord. Balustrade refaite et complétée; la frise et les gargouilles renouvelées ainsi que le larmier; le trumeau repris en sous-œuvre; la restauration des niches commencée; le toit central refait et orné de crêtes de plomb, croix, etc.

2° Tour du Sud. Mêmes travaux. — Élévation du toit central pour égaliser autant que possible les deux tours; forte reprise en sous-œuvre des contre-forts à la partie supérieure.

3° Restauration des issues sur la *Salle des musiciens*.

4° Arrangement pour l'écoulement des eaux au sommet des tours.

Tous ces travaux qui présentaient pour la plupart

de grandes difficultés, ont été exécutés avec une perfection vraiment admirable.

5° Clocher central : renouvellement de la plomberie du premier étage.
6° Restauration de la chapelle des Machabées ; ouverture de la rosace ; reprise des murs à l'abside ; restauration des frises, larmiers, meneaux des fenêtres ; établissement de la galerie en pierre et des crêtes de plomb etc.
7° Nivellement général des abords du chevet, qui étaient embarrassés de terre jusqu'au dessous des premiers larmiers des contreforts.
8° Etablissement d'un égoût qui reçoit les eaux de la Cathédrale et les conduit à la rivière du Hocquet.
9° Restauration générale des voûtes.

Ces travaux, et plusieurs autres dont le détail nous mènerait trop loin, ne méritaient-ils pas une mention honorable de la part d'une Commission qui devait examiner tout ce qui s'était fait ? Ne devait-on pas quelque reconnaissance à l'architecte habile qui a consolidé la Cathédrale et restauré une foule de détails avec un goût et une science malheureusement trop rares ? Quant à nous, nous avons à cœur de payer publiquement à M. Viollet-Leduc le tribut d'éloges qui lui est si bien dû pour tant de fatigues couronnées de succès, et nous aimons à l'assurer que la Commission, dans ses attaques, n'était pas l'organe de tous nos concitoyens.

CHAPITRE VIII.

PROJETS ATTRIBUÉS A L'ARCHITECTE PAR MM. LES ANTIQUAIRES.

Ce n'était pas assez d'avoir blâmé les travaux les plus irréprochables, et d'avoir gardé le silence sur ceux qui ne présentaient aucun prétexte à la critique; la Commission va plus loin, et elle attribue à l'architecte une foule de projets auxquels il n'a jamais pensé. Elle veut bien reconnaître cependant qu'il n'a jamais été question de mettre un banc-d'œuvre à la place de la chaire mais en revanche, elle craint qu'on n'enlève la Gloire qui domine le maître-autel.

Ce serait une bien grande perte, s'il faut en croire la Commission : « N'est-ce point là, nous dit-elle, une » sublime apothéose qui élève l'âme vers Dieu et ré- » sume dans cette exposition permanente de l'hostie » consacrée, tous les saints mystères de l'Église ? »

On ne peut qu'applaudir à l'expression d'une foi si vive et d'une piété si touchante; mais pour ce qui regarde la question artistique, nous devons faire observer : 1° que M. Viollet-Leduc ne pense pas à enlever la Gloire ; 2° que cet enlèvement a été demandé..... devinez par qui ? par le Président de la Société des Antiquaires.

Oui, à une époque où l'opinion, peu éclairée, désirait la conservation de cette Gloire, la Société en désirait la suppression ; et aujourd'hui que, sans vouloir la changer, tout le monde reconnaît qu'elle gâte l'édifice, la Société en fait un magnifique éloge.

Nous allons mettre ces deux jugements sous les yeux de nos lecteurs ; la comparaison en est fort instructive.

Le Président de la Société, En séance publique, disait en 1842 : (1)	Le Rapporteur de la Commission, Au nom de la Société, dit en 1853 :
Derrière (l'autel) s'éleva une gloire immense, construite en pierre et en bois, et formée de rayons et de nuages au milieu desquels figurent des Anges et des Archanges plus ou moins dorés (Bulletin, t. I, p. 234). Ce qu'on a appelé justement le genre Pompadour était à la mode, et notre clergé croyait faire merveille en s'y conformant (p. 232).	La gloire de la cathédrale d'Amiens est une œuvre très remarquable pour l'époque ; il faut la considérer surtout avec les anges, les évangélistes, et tous les ornements qui se trouvent appliqués sur les piliers du chœur ; cette décoration fait le plus grand honneur à l'artiste amiénois qui l'a produite, et forme un ensemble on ne peut plus régulier et plus satisfaisant (Délib p. 48).
L'œil est sans doute ébloui devant une masse aussi brillante, mais il faut en convenir, le cœur reste froid, et la piété cherche en vain un aliment à la méditation religieuse (p. 231).	Mais ce n'est pas seulement comme artiste qu'il faut l'envisager, et si quelque chose la recommande tout particulièrement à la sollicitude du clergé, c'est le sentiment religieux qui domine dans cette composition (p. 19).
Ne croyez pas que cette opinion soit moderne, isolée, et pour ainsi dire individuelle : elle a été constamment celle de tous les voyageurs instruits, nationaux et étrangers qui ont visité la cathédrale ; elle est consignée dans les ouvrages de Rivoire en 1806, de M. Gilbert en 1833. (p. 231).	M. Gilbert dans sa description de la cathédrale d'Amiens fait remarquer le bel effet que produit cette gloire rayonnante au-dessus du maître-autel ; il signale l'expression respectueuse des Anges et des Séraphins qui s'y trouvent groupés (p. 48).

Le Président et le Rapporteur se mettent un instant d'accord pour remarquer « qu'il eût mieux valu ne
» pas élever la Gloire au fond du chœur, comme une

(1) Il est bon de remarquer que le président de 1842 était membre de la Commission de 1853.

» barrière qui interdit à l'œil de pénétrer jusqu'au
» fond de l'abside. (Délib. p. 19). Car si l'église con-
» serve encore son élévation, sa hardiesse, et l'élé-
» vation de ses colonnes, elle a perdu la perspective
» que l'architecte avait voulu lui donner ; il n'y a
» plus d'unité, et peut être serait-il permis d'avouer
» que le chef-d'œuvre d'architecture a disparu. (Bul-
» letin, p. 231).

Mais presqu'immédiatement ils posent des conclusions diamétralement opposées :

Le Président.	Le Rapporteur.
Les regrets et les désirs (de la Société) qui sont partagés depuis longtemps par les artistes et les hommes de goût, ne tarderont pas à l'être par la population entière, et nous verrons bientôt la cathédrale, débarrassée des ornements qui la défigurent, recouvrer enfin le caractère d'unité qui en faisait l'édifice le plus parfait de l'architecture chrétienne (p. 237).	Nous devons espérer que l'esprit novateur avec lequel on médite certains changements dans l'état actuel du sanctuaire, s'arrêtera cependant devant cette image vivante de l'adoration..... Sa magnificence pour être toute moderne, n'en a pas moins de droits aux respects des chrétiens comme des artistes, (p. 19).

Mais les préjugés populaires sont là : Que faire ? Les respecter. dit le Rapporteur ; les braver, dit le Président :

Le Président.	Le Rapporteur.
La Société des Antiquaires manquerait, Messieurs, à l'un de ses plus impérieux devoirs, et elle méconnaîtrait le principal but de son institution si la crainte de troubler quelques vieilles habitudes d'admiration héréditaire et irréfléchie, l'empêchait de réclamer hautement contre ces déplorables embellissements. (p. 234).	Il y a de ces sentiments nés des instincts ou des préjugés locaux, dont il est prudent de tenir compte. Une ville qui pousse aussi loin l'esprit de conservation et le respect des grandes choses du passé, ne se prête pas facilement aux innovations de quelque nature qu'elles puissent être. (p. 25).

Laissons ces Messieurs se mettre d'accord s'ils le peuvent, et exprimons brièvement notre pensée, en renonçant à l'esprit de système qui a inspiré à leur insu les hommes honorables que nous venons d'entendre.

Est-il nécessaire que le mobilier d'une église soit en rapport avec le style de l'édifice, et faut-il sacrifier tout ce qui s'en écarte? Cette question ne peut être tranchée d'une manière absolue. Sans doute la Cathédrale serait bien plus belle si la lumière n'y pénétrait qu'à travers des vitraux peints, si l'on avait un pavé tout composé de mosaïques, si des fresques couvraient les principales murailles, si l'on modifiait les séparations des chapelles latérales de la nef, si les autels, la chaire, les grilles, les boiseries, tous les ornements portaient comme l'édifice le cachet si noble du style ogival. Oh! toutes ces merveilles nouvelles, réunies aux merveilles qui ont traversé six cents ans, feraient de la vieille basilique l'image la plus vraie de ce temple éternel où règnent les élus. Peut-être qu'un jour nos arrière-neveux la verront dans cette majesté sans égale; mais il faut, pour en arriver là, les efforts de bien des générations, et nous devons avoir pour le présent des prétentions plus modestes. Que faire donc? Voici ce nous semble, quelles sont les règles les plus raisonnables :

Un mobilier, étranger au style d'un édifice, a-t-il de la valeur; est-il tellement indépendant qu'il ne nuise pas au caractère de l'ensemble? Conservez le.

Au contraire, un mobilier sans valeur, ou d'une valeur médiocre, déshonore-t-il un monument remarquable ? Détruisez-le.

Par exemple : Les fonts baptismaux ne sont pas de l'époque de la cathédrale ; mais la valeur en est considérable et ils ne nuisent pas à l'effet de l'ensemble : aussi personne ne pense à y substituer des fonts du XIIIe siècle.

Autre exemple : La clôture du chœur du côté de la grande nef est une œuvre sans caractère, sans mérite. sans goût, sans valeur ; elle nuit à l'aspect de l'édifice : il faut la faire disparaître.

Pareillement, les boiseries du dernier siècle qui encombraient les chapelles de saint Quentin et de saint Eloi, et les diminuaient de moitié, cachaient une arcature et des fresques remarquables. On a bien fait de les enlever.

Au contraire, la chaire n'est pas sans mérite ; quoiqu'elle engage un pilier plus qu'il ne faudrait, elle forme un meuble à part, et ne cache rien de saillant : elle restera.

En appliquant ces principes avec sagesse et mesure à tous les cas pratiques, on arrivera à une solution qui réunira les opinions les plus diverses, et qui mettra d'accord tous les hommes éclairés et sans parti pris.

CONCLUSION.

En résumé, tout en croyant obéir à un pur sentiment de patriotisme, la Société des Antiquaires s'est laissé entraîner à une fâcheuse démarche; si elle s'était bornée à blâmer au point de vue de l'art et en termes mesurés les restaurations nouvelles, personne n'y eût trouvé à redire ; nous-mêmes nous pensons sur certains détails autrement que l'architecte. Nous croyons, par exemple, qu'il eût mieux valu entourer la Cathédrale d'un petit mur gothique rattaché aux contre-forts par une terrasse invisible aux passants. Ce système eût préservé les murailles et fourni des magasins vraiment nécessaires ; le coup-d'œil même y eût gagné beaucoup. Les grilles, qui remplaceront très bien la porte de l'Évêché, ne feront pas grand effet auprès d'un colossal édifice, tandis que le mur gothique atteignant à peine la naissance des fenêtres, n'eût masqué que la partie de l'église qui ne doit pas être vue, et eût été surmonté d'une élégante balustrade. Nous croyons donc que l'architecte en préférant les grilles, a eu trop de condescendance pour l'opinion publique; mais nous sommes sûrs que notre sentiment, modestement exprimé, ne saurait lui déplaire. Quant à la Commission, elle parle d'une manière bien différente. Elle nous attribue des projets auxquels nous ne pensions même pas, mais qu'en revanche elle proposait elle-même il y a peu d'années.

Elle accuse un homme honorable d'avoir trompé la ville, et nous avons vu que ce reproche est entièrement gratuit ; elle l'accuse en outre jusqu'à cinq reprises (1) d'avoir dépassé ses pouvoirs, et agi sans l'autorisation de M. le Ministre des Cultes ; elle sait bien cependant que M. le Ministre dans sa visite récente a approuvé formellement tout ce qui s'est fait. Que dire aussi de ces conclusions d'une violence sans égale qui ne vont à rien moins qu'à supprimer un orgue, jugé nécessaire par l'autorité religieuse, et établi du consentement de l'autorité civile ? Et encore ce n'est là qu'un abrégé bien incomplet de ces paroles fâcheuses que nous avons dû signaler. Ce défaut de réserve fera du tort à la Société des Antiquaires, et nous le regrettons sincèrement ; il serait bien possible que plusieurs de ses membres donnassent leur démission, et parmi ceux qui pensaient à y entrer, nous en connaissons déjà qui ont changé d'avis.

(1) Pages 13, 14, 15, 16, 20.

TABLE DES MATIÈRES

		Pages.
AVIS PRÉLIMINAIRE		3
CHAPITRE I.	Réflexions générales sur l'état de la Commission des Antiquaires	5
CHAPITRE II.	Qui est responsable des changements exécutés à la Cathédrale	9
CHAPITRE III.	Côté administratif de la question.	11
CHAPITRE IV.	Question du dégagement de la Cathédrale au point de vue artistique.	15
CHAPITRE V.	Style des restaurations et constructions blâmées par Messieurs les Antiquaires. . .	21
CHAPITRE VI.	Horloge, Flèche, Orgue d'accompagnement et Portes du Chœur.	25
CHAPITRE VII.	Travaux passés sous silence par Messieurs les Antiquaires. .	30
CHAPITRE VIII.	Projets attribués à l'architecte par Messieurs les Antiquaires.	32
CONCLUSION.		37

Amiens. — Typ. d'Alfred CARON.

www.ingramcontent.com/pod-product-compliance
Lightning Source LLC
LaVergne TN
LVHW022200080426
835511LV00008B/1471